I0701555

Roulette: Strategie, Segreti e Storie del Gioco d'Azzardo più Affascinante

By LUIGI CAMPANELLA

Benvenuti nel mondo affascinante della roulette, il gioco d'azzardo che ha catturato l'immaginazione di milioni di persone in tutto il mondo per oltre tre secoli. "Roulette: Strategie, Segreti e Storie del Gioco d'Azzardo più Affascinante" è il libro definitivo per chiunque voglia immergersi nell'universo di questo gioco leggendario.
Perché Questo Libro?
La roulette è più di un semplice gioco; è una danza di probabilità, fortuna e strategia. Con questo libro, intendo offrire una guida completa che non solo insegna le regole e le strategie, ma anche esplora la storia, la psicologia e le esperienze uniche dei giocatori di roulette di tutto il mondo.

Introduzione
- La storia della roulette: Breve storia della roulette e come è diventata popolare nei casinò di tutto il mondo.
- Come funziona la roulette: Spiegazione delle regole di base, della ruota e del tavolo della roulette.

Capitolo 1: Le Basi della Roulette
- Tipi di roulette: Differenze tra roulette americana, europea e francese.
- Le probabilità e il margine della casa: Come funzionano le probabilità e il margine della casa in ogni tipo di roulette.
- Le scommesse di base: Spiegazione delle varie scommesse che si possono fare alla roulette (interni, esterni, singole, multiple).

Capitolo 2: Strategie di Scommessa
- Martingala: Descrizione della strategia Martingala e delle sue varianti.
- Fibonacci: Come usare la sequenza di Fibonacci per piazzare scommesse.
- Labouchere: Spiegazione del sistema Labouchere e di come applicarlo.
- D'Alembert: Dettagli sulla strategia D'Alembert.
- Paroli: Come funziona il sistema Paroli e quando usarlo.
- James Bond: Introduzione alla strategia James Bond.

Capitolo 3: Gestione del Denaro
- Impostare un budget: L'importanza di stabilire e rispettare un budget.
- Gestione delle vincite e delle perdite: Come gestire le vincite e le perdite per evitare di andare in rovina.
- Tecniche di scommessa responsabile: Consigli per giocare in modo responsabile e evitare il gioco d'azzardo problematico.

Capitolo 4: Strategie Avanzate

- Osservazione della ruota: Tecniche per osservare eventuali difetti o tendenze della ruota.
- Sistemi di scommessa combinati: Come combinare diverse strategie per migliorare le probabilità.
- Software e calcolatori: Utilizzo di software per analizzare le probabilità e fare scommesse più informate.

Capitolo 5: Psicologia del Gioco

- Controllo delle emozioni: Come mantenere la calma e non lasciarsi influenzare dalle emozioni durante il gioco.
- Superstizioni e miti: Analisi delle credenze comuni e di come influenzano il gioco.
- Riconoscere i segnali di dipendenza: Come riconoscere i segnali di una possibile dipendenza dal gioco e come cercare aiuto.

Capitolo 6: Esperienze e Aneddoti

- Storie di giocatori: Racconti di vincite spettacolari e perdite devastanti.
- Lezioni imparate dai professionisti: Interviste o storie di giocatori professionisti di roulette.

Conclusione

- Riassunto dei punti chiave: Riepilogo delle principali strategie e consigli dati nel libro.
- Considerazioni finali: Parole finali sulla natura del gioco d'azzardo e la roulette.

Appendice

- Glossario dei termini della roulette: Definizione dei termini usati nel gioco della roulette.
- Risorse utili: Elenco di libri, siti web e altri materiali utili per chi vuole approfondire le proprie conoscenze sulla roulette.

La Storia della Roulette

Le origini della Roulette

La roulette, spesso definita "la regina dei casinò", è uno dei giochi d'azzardo più iconici e affascinanti al mondo. Con la sua ruota rotante e la pallina che si ferma su uno dei numeri, la roulette ha catturato l'immaginazione di giocatori per secoli. Ma da dove viene questo gioco e come si è evoluto fino a diventare il pilastro dei casinò moderni?

La parola "roulette" deriva dal termine francese che significa "piccola ruota". Le origini esatte del gioco sono avvolte nel mistero, ma la maggior parte degli storici concorda sul fatto che la roulette sia il risultato della fusione di diversi giochi d'azzardo antichi.

Antica Cina e Roma:
- Alcuni storici suggeriscono che le prime forme di roulette possano essere state giocate nell'antica Cina, dove un gioco simile utilizzava una ruota di pietra. Un'altra teoria indica che i soldati romani giocavano a un gioco simile utilizzando scudi e frecce.

Il Gioco Italiano "Biribi":
- Il "Biribi" era un gioco di fortuna italiano del XVII secolo, simile alla moderna roulette. Questo gioco prevedeva una tavola con numeri, su cui i giocatori scommettevano prima che una palla venisse lanciata per determinare il numero vincente.

La Nascita della Roulette Moderna

Blaise Pascal e la Ruota di Pascal:

- La versione moderna della roulette è attribuita a Blaise Pascal, un matematico e filosofo francese del XVII secolo. Durante i suoi tentativi di creare una macchina a moto perpetuo, Pascal inventò una ruota che divenne la base della roulette moderna.

Roulette Francese:

- Nel XVIII secolo, il gioco si diffuse rapidamente nei salotti aristocratici francesi. Il gioco che conosciamo oggi con il suo design caratteristico della ruota fu standardizzato in Francia. Nel 1842, i fratelli Louis e François Blanc introdussero la roulette a singolo zero a Homburg, Germania, per competere con altre case da gioco che utilizzavano la ruota a doppio zero.

La Roulette nel XIX Secolo

Espansione in Europa e America:

- La roulette si diffuse rapidamente in tutta Europa e in America nel XIX secolo. In America, tuttavia, si adottò una versione con doppio zero, aumentando il margine della casa rispetto alla versione europea con un solo zero. Questa differenza persiste ancora oggi, con la roulette europea (o francese) considerata più favorevole per i giocatori rispetto alla roulette americana.

Roulette e Casinò:

- Con la crescita dei casinò alla fine del XIX e all'inizio del XX secolo, la roulette divenne uno dei giochi principali offerti. Casinò leggendari come il Casino de Monte-Carlo contribuirono a cementare la reputazione della roulette come gioco di lusso e fascino.

La Roulette nel XX e XXI Secolo

Innovazioni e Tecnologia:
- Il XX secolo vide l'introduzione di nuove tecnologie nei casinò, inclusi i tavoli di roulette elettronici e, successivamente, la roulette online. Queste innovazioni hanno reso il gioco accessibile a una nuova generazione di giocatori e hanno permesso di giocare alla roulette ovunque ci sia una connessione internet.

Regolamentazione e Legalizzazione:
- Con la diffusione del gioco d'azzardo legale in molte parti del mondo, la roulette è diventata una parte fondamentale dell'industria del gioco. Le regolamentazioni hanno garantito la trasparenza e l'equità del gioco, contribuendo a mantenerne l'integrità.

La Roulette Oggi

Oggi, la roulette continua a essere uno dei giochi più popolari nei casinò di tutto il mondo. La sua combinazione di fortuna, strategia e intrattenimento la rende un'esperienza unica per i giocatori. La roulette online ha ulteriormente ampliato l'accesso al gioco, permettendo ai giocatori di tutto il mondo di godere dell'emozione della ruota rotante dal comfort delle loro case.

Conclusione

La storia della roulette è ricca e affascinante, riflettendo secoli di evoluzione e innovazione. Dalle sue misteriose origini fino ai casinò moderni e alle piattaforme online, la roulette ha mantenuto il suo fascino e la sua capacità di attrarre giocatori di ogni genere. Conoscere la storia del gioco non solo arricchisce l'esperienza di gioco, ma offre anche una comprensione più profonda di uno dei passatempi più amati al mondo.

- Curiosità: Si dice che François Blanc, uno dei creatori della roulette a singolo zero, abbia fatto un patto con il diavolo per conoscere i segreti del gioco. Questo mito è alimentato dal fatto che la somma di tutti i numeri sulla ruota della roulette (da 0 a 36) è 666, il "numero della bestia".
- Citazione Famosa: "La roulette non è un gioco di fortuna; è un gioco di scelte" - Jean le Rond d'Alembert, matematico e teorico della probabilità.

Capitolo 1

Come Funziona la Roulette

La roulette è uno dei giochi più iconici nei casinò di tutto il mondo, caratterizzato dalla sua ruota rotante e dal tabellone numerato. La combinazione di fortuna, strategia e semplice eleganza rende la roulette irresistibile per molti giocatori. In questo capitolo, esploreremo il funzionamento della roulette, comprese le regole di base, le scommesse disponibili e le probabilità associate.

La Ruota e il Tavolo della Roulette

La Ruota della Roulette:
- La ruota della roulette è divisa in 37 o 38 settori numerati, a seconda del tipo di roulette. Nella roulette europea (o francese), ci sono 37 settori numerati da 0 a 36. Nella roulette americana, ci sono 38 settori, con l'aggiunta del doppio zero (00).
- I numeri sono alternati tra rosso e nero, con lo zero (e il doppio zero nella roulette americana) in verde.
- I numeri non sono disposti in ordine sequenziale ma seguono uno schema specifico che equilibra i numeri alti, bassi, pari e dispari.

Il Tavolo della Roulette:
- Il tavolo della roulette è dove i giocatori piazzano le loro scommesse. È diviso in due sezioni principali: le scommesse interne e le scommesse esterne.
- Scommesse interne: Queste scommesse sono piazzate direttamente sui numeri o su piccole combinazioni di numeri. Offrono pagamenti più alti ma hanno probabilità di vincita più basse.

- Scommesse esterne: Queste scommesse coprono gruppi più grandi di numeri e hanno probabilità di vincita più alte ma pagamenti più bassi.

Le Scommesse nella Roulette

Tipi di Scommesse:

Scommesse interne:
- Numero singolo (Straight up): Scommettere su un singolo numero. Pagamento 35:1.
- Cavallo (Split): Scommettere su due numeri adiacenti. Pagamento 17:1.
- Terzina (Street): Scommettere su tre numeri in una fila orizzontale. Pagamento 11:1.
- Carré (Corner): Scommettere su quattro numeri che formano un quadrato. Pagamento 8:1.
- Sestina (Line): Scommettere su sei numeri in due file adiacenti. Pagamento 5:1.

Scommesse esterne:
- Rosso/Nero (Red/Black): Scommettere sul colore del numero vincente. Pagamento 1:1.
- Pari/Dispari (Even/Odd): Scommettere se il numero vincente sarà pari o dispari. Pagamento 1:1.
- Alto/Basso (High/Low): Scommettere se il numero vincente sarà tra 1-18 o 19-36. Pagamento 1:1.
- Dozzine (Dozen): Scommettere su una delle tre dozzine (1-12, 13-24, 25-36). Pagamento 2:1.
- Colonne (Column): Scommettere su una delle tre colonne verticali di numeri. Pagamento 2:1.

Piazzare le Scommesse:
- I giocatori piazzano le loro fiches sul tavolo nelle posizioni corrispondenti alle scommesse che desiderano fare.
- Il croupier annuncia "Rien ne va plus" ("Niente va più") per indicare che non sono accettate ulteriori scommesse e fa girare la ruota.
- Una pallina viene lanciata in direzione opposta alla rotazione della ruota e alla fine si ferma in uno dei settori numerati.

Probabilità e Margine della Casa

Probabilità di Vincita:
- La probabilità di vincita varia a seconda del tipo di scommessa. Ad esempio, la probabilità di vincere una scommessa su un numero singolo nella roulette europea è di 1 su 37 (circa 2,70%), mentre nella roulette americana è di 1 su 38 (circa 2,63%).
-

Margine della Casa:
- Il margine della casa nella roulette europea è del 2,70%, mentre nella roulette americana è del 5,26% a causa del doppio zero aggiuntivo.
- Questo significa che, nel lungo periodo, il casinò trattiene una percentuale delle scommesse piazzate dai giocatori come profitto.

Varianti della Roulette

Roulette Europea vs. Americana:
- Roulette Europea: Ha un singolo zero e offre migliori probabilità ai giocatori grazie al margine della casa inferiore.

- Roulette Americana: Ha sia un singolo zero che un doppio zero, aumentando il margine della casa e rendendo le probabilità di vincita leggermente peggiori per i giocatori.

Roulette Francese:

- Simile alla roulette europea, ma con regole aggiuntive come "La Partage" e "En Prison" che possono ulteriormente ridurre il margine della casa per alcune scommesse esterne.

In conclusione per capire come funziona la roulette è essenziale per chiunque voglia giocare in modo informato. La combinazione di diverse scommesse, ciascuna con le proprie probabilità e pagamenti, offre una vasta gamma di strategie di gioco. Tuttavia, è importante ricordare che la roulette rimane un gioco di fortuna e il margine della casa garantisce che il casinò abbia un vantaggio nel lungo periodo.

- Consiglio del Croupier: Osserva attentamente il tavolo prima di piazzare le tue scommesse. Ogni croupier ha un proprio ritmo nel lanciare la pallina e girare la ruota. Familiarizzare con questi ritmi può migliorare la tua esperienza di gioco.
- Strategia di Base: Inizia con scommesse esterne come Rosso/Nero o Pari/Dispari. Queste scommesse hanno le migliori probabilità di vincita e possono aiutarti a gestire meglio il tuo budget.

Capitolo 2

Strategie di Scommessa

Mentre la roulette è principalmente un gioco di fortuna, ci sono diverse strategie di scommessa che i giocatori possono utilizzare per cercare di migliorare le loro possibilità di successo. Queste strategie non possono garantire vittorie, ma possono aiutare a gestire meglio il proprio budget e a prolungare il tempo di gioco. In questo capitolo, esploreremo alcune delle strategie di scommessa più popolari.

Strategia Martingala

Descrizione:

- La Martingala è una delle strategie di scommessa più conosciute e semplici. L'idea di base è quella di raddoppiare la puntata dopo ogni perdita, in modo da recuperare tutte le perdite precedenti con una singola vincita.

Come Funziona:

- Inizio: Scegli una scommessa esterna con pagamento 1:1 (ad esempio, Rosso/Nero).
- Puntata: Inizia con una puntata di base.
- Dopo una perdita: Raddoppia la puntata.
- Dopo una vincita: Torna alla puntata di base.

Esempio:

- Se scommetti 10€ sul rosso e perdi, scommetterai 20€ sul rosso nel turno successivo. Se perdi di nuovo, scommetterai 40€ e così via fino a quando non vincerai. Una volta che vinci, torni a scommettere 10€.

Vantaggi:

- Può essere efficace nel breve periodo.
- Facile da comprendere e applicare.

Svantaggi:

- Richiede un bankroll elevato per coprire una serie di perdite consecutive.
- Rischio di raggiungere il limite di puntata del tavolo prima di recuperare le perdite.

Strategia Fibonacci

Descrizione:

- La strategia Fibonacci si basa sulla sequenza di Fibonacci, una serie di numeri dove ogni numero è la somma dei due precedenti (1, 1, 2, 3, 5, 8, 13, 21, ecc.).

Come Funziona:

- Inizio: Scegli una scommessa esterna con pagamento 1:1.
- Puntata: Inizia con la puntata minima.
- Dopo una perdita: Avanza al numero successivo nella sequenza.
- Dopo una vincita: Torna indietro di due numeri nella sequenza.

Esempio:

- Se inizi scommettendo 1€ e perdi, la prossima scommessa sarà 1€. Se perdi di nuovo, scommetterai 2€, poi 3€, poi 5€, e così via. Dopo una vincita, tornerai indietro di due numeri.

Vantaggi:

- Meno aggressiva della Martingala.
- Aiuta a controllare meglio il bankroll.

Svantaggi:

- Può ancora comportare grandi perdite in caso di una lunga serie di sconfitte.
- Complessa da applicare senza tenere traccia della sequenza.

Strategia Labouchere

Descrizione:
- La strategia Labouchere, o sistema di cancellazione, consiste nel creare una sequenza di numeri che rappresentano l'importo che desideri vincere. Dopo ogni scommessa, i numeri vengono cancellati o aggiunti in base ai risultati.

Come Funziona:
- Inizio: Crea una sequenza di numeri (ad esempio, 1-2-3-4).
- Puntata: Scommetti la somma del primo e dell'ultimo numero della sequenza.
- Dopo una vincita: Cancella il primo e l'ultimo numero della sequenza.
- Dopo una perdita: Aggiungi l'importo scommesso alla fine della sequenza.

Esempio:
- Con la sequenza 1-2-3-4, la prima scommessa sarà 5€ (1+4). Se vinci, cancellerai 1 e 4, lasciando 2-3. La prossima scommessa sarà 5€ (2+3). Se perdi, la nuova sequenza sarà 1-2-3-4-5.

Vantaggi:
- Può essere personalizzata per adattarsi a diversi bankroll.
- Permette di pianificare le scommesse in anticipo.

Svantaggi:
- Può diventare complicata da gestire con una lunga sequenza di numeri.
- Può portare a grandi perdite in caso di una serie di sconfitte.

Strategia D'Alembert

Descrizione:

- La strategia D'Alembert è meno aggressiva della Martingala e si basa sull'idea che le vincite e le perdite si equilibrano nel lungo periodo.

Come Funziona:

- Inizio: Scegli una scommessa esterna con pagamento 1:1.
- Puntata: Inizia con una puntata di base.
- Dopo una perdita: Aumenta la puntata di una unità.
- Dopo una vincita: Diminuisci la puntata di una unità.

Esempio:

- Se inizi con una puntata di 10€ e perdi, la prossima puntata sarà di 11€. Se perdi di nuovo, scommetterai 12€. Se vinci, tornerai a scommettere 11€.

Vantaggi:

- Richiede un bankroll più modesto rispetto alla Martingala.
- Facile da comprendere e applicare.

Svantaggi:

- Le vincite sono più lente e meno significative.
- Può comunque portare a perdite considerevoli in caso di una lunga serie di sconfitte.

Strategia Paroli

Descrizione:
- La strategia Paroli è l'opposto della Martingala. Invece di raddoppiare dopo una perdita, raddoppi la puntata dopo una vincita.

Come Funziona:
- Inizio: Scegli una scommessa esterna con pagamento 1:1.
- Puntata: Inizia con una puntata di base.
- Dopo una perdita: Torna alla puntata di base.
- Dopo una vincita: Raddoppia la puntata.

Esempio:
- Se inizi con una puntata di 10€ e vinci, la prossima puntata sarà di 20€. Se vinci di nuovo, scommetterai 40€. Se perdi, tornerai a scommettere 10€.

Vantaggi:
- Massimizza i profitti durante le serie di vincite.
- Richiede un bankroll più modesto.

Svantaggi:
- Le serie di vincite potrebbero essere brevi.
- Può non essere efficace in caso di perdite frequenti.

Strategia James Bond

Descrizione:

- La strategia James Bond è una scommessa combinata che copre un ampio range di numeri. È considerata una strategia ad alto rischio e alta ricompensa.

Come Funziona:

- Inizio: Scommetti 200€ in totale.
- Distribuzione delle Scommesse:
    - 140€ sul range 19-36.
    - 50€ sui numeri 13-18.
    - 10€ sullo zero (0).

Esempio:

- Se la pallina si ferma su un numero tra 19 e 36, vinci 80€.
- Se si ferma su un numero tra 13 e 18, vinci 100€.
- Se si ferma su 0, vinci 160€.
- Se si ferma su un numero tra 1 e 12, perdi 200€.

Vantaggi:

- Copre la maggior parte dei numeri sulla ruota.
- Possibilità di vincite significative.

Svantaggi:

- Richiede un bankroll elevato.
- Alta possibilità di perdere l'intera scommessa.

Conclusione

Le strategie di scommessa possono rendere il gioco della roulette più interessante e gestibile. Tuttavia, è importante ricordare che nessuna strategia può garantire una vittoria certa a causa della natura aleatoria del gioco e del margine della casa. La scelta di una strategia dipende dal proprio stile di gioco, dal budget e dalla tolleranza al rischio.

Consiglio del Croupier:
Indipendentemente dalla strategia scelta, è fondamentale stabilire un budget e rispettarlo. Gioca responsabilmente e non inseguire mai le perdite!

Capitolo 3
Gestione del Denaro

La gestione del denaro è una componente cruciale per qualsiasi giocatore di roulette, indipendentemente dall'esperienza o dalle strategie di scommessa utilizzate. Una gestione oculata del proprio budget può aiutare a minimizzare le perdite e a prolungare il divertimento del gioco. In questo capitolo, esploreremo i principi fondamentali della gestione del denaro e alcune tecniche pratiche per applicarli.

Principi Fondamentali della Gestione del Denaro

Stabilire un Budget:

- Prima di iniziare a giocare, è essenziale stabilire un budget preciso che si è disposti a perdere senza compromettere la propria situazione finanziaria.
- Consiglio: Suddividi il budget in sessioni di gioco più piccole. Ad esempio, se il tuo budget totale è di 500€, potresti decidere di giocare solo 100€ per ogni sessione.

Utilizzare Solo Denaro Dedicato al Gioco:

- Gioca solo con denaro che puoi permetterti di perdere, evitando di utilizzare fondi destinati a spese essenziali come affitto, bollette o alimenti.
- Consiglio: Separa fisicamente o digitalmente i fondi dedicati al gioco dal resto del tuo denaro.

Stabilire Limiti di Perdita e di Vincita:

- Imposta un limite massimo di perdita per sessione e fermati se lo raggiungi. Allo stesso modo, imposta un obiettivo di vincita e fermati quando lo raggiungi.

- Consiglio: Se il tuo limite di perdita per una sessione è di
  100€ e l'obiettivo di vincita è di 200€, rispettali
  rigorosamente per evitare di perdere più del previsto o
  di restituire le vincite al casinò.

Evitare di Inseguire le Perdite:
- L'inseguimento delle perdite è il tentativo di recuperare il
  denaro perso aumentando le puntate. Questa pratica può
  portare a perdite ancora maggiori.
- Consiglio: Mantieni la calma e segui la tua strategia e i tuoi
  limiti stabiliti senza aumentare le puntate in modo
  impulsivo.

Tecniche di Gestione del Denaro

Sistema di Scommessa Fissa:
- Scommetti lo stesso importo su ogni giro,
  indipendentemente dal risultato precedente.
- Vantaggi: Semplice da seguire e aiuta a mantenere il
  controllo del budget.
- Svantaggi: Non massimizza le vincite durante le serie
  vincenti.

Sistema di Scommessa Proporzionale:
- Scommetti una percentuale fissa del tuo bankroll totale su
  ogni giro.
- Vantaggi: Adatta automaticamente l'importo della
  scommessa alla dimensione del bankroll, aiutando a
  preservare il capitale.
- Svantaggi: Richiede calcoli costanti per determinare
  l'importo della scommessa.

Sistema di Scommessa Progressiva:

- Aumenta o diminuisci l'importo della scommessa in base ai risultati precedenti, come nei sistemi Martingala o Fibonacci.
- Vantaggi: Può aiutare a recuperare le perdite in caso di serie negative.
- Svantaggi: Può portare a perdite significative e richiede un bankroll elevato.

Sistema di Scommessa Anti-Martingala (Paroli):

- Raddoppia la scommessa dopo ogni vincita e torna alla puntata di base dopo una perdita.
- Vantaggi: Massimizza le vincite durante le serie positive.
- Svantaggi: Le vincite possono essere limitate se le serie positive sono brevi.

Esempi Pratici di Gestione del Denaro

Esempio di Budget:

- Supponiamo che tu abbia un budget totale di 500€ per un fine settimana di gioco. Decidi di giocare in 5 sessioni da 100€ ciascuna. Per ogni sessione, stabilisci un limite di perdita di 100€ e un obiettivo di vincita di 200€.

Esempio di Limiti di Perdita e Vincita:

- Se durante la prima sessione perdi 100€, ti fermi e torni alla sessione successiva con altri 100€. Se vinci 200€ nella seconda sessione, ti fermi e hai ora un totale di 600€ (500€ di budget iniziale + 100€ di vincita netta).

Consigli per una Gestione Efficace del Denaro

Rimanere Disciplinati:

- La chiave per una gestione del denaro efficace è la disciplina. Segui rigorosamente il tuo budget, i limiti di perdita e gli obiettivi di vincita.

Prendere Pause Regolari:

- Giocare per lunghi periodi senza pause può portare a decisioni impulsive. Prendi pause regolari per rimanere concentrato e lucido.

Monitorare e Registrare le Scommesse:

- Tieni traccia delle tue scommesse, vincite e perdite. Questo ti aiuterà a capire meglio il tuo andamento e a fare eventuali aggiustamenti alla tua strategia.

Essere Consapevoli del Vantaggio del Casinò:

- Ricorda sempre che il casinò ha un vantaggio matematico in ogni gioco. Gioca per divertimento e non come un modo per guadagnare denaro.

Conclusione

La gestione del denaro è fondamentale per avere un'esperienza di gioco positiva e responsabile alla roulette. Seguire i principi e le tecniche descritti in questo capitolo ti aiuterà a controllare meglio il tuo bankroll e a prolungare il tuo divertimento. Ricorda che la roulette è un gioco di fortuna e che giocare responsabilmente è la chiave per godersi appieno l'esperienza.

Curiosità: Alcuni casinò offrono programmi di autoesclusione per aiutare i giocatori a gestire il loro comportamento di gioco. Se senti di avere difficoltà a controllare il tuo gioco, considera di utilizzare questi programmi.

Consiglio del Croupier:
Porta con te solo l'importo che hai deciso di spendere per la sessione di gioco e lascia il resto del denaro a casa o in un luogo sicuro. Questo ti aiuterà a rispettare il tuo budget e a evitare di spendere più del previsto.

Capitolo 4
Strategie Avanzate nella Roulette

Le strategie avanzate nella roulette vanno oltre le semplici modalità di scommessa e coinvolgono approcci più complessi che combinano conoscenza statistica, gestione del denaro e comprensione approfondita delle dinamiche del gioco. Qui di seguito esploreremo alcune strategie avanzate che i giocatori esperti possono considerare per affrontare il gioco con una prospettiva più sofisticata.

Le strategie avanzate nella roulette mirano a sfruttare non solo le probabilità di vincita, ma anche a gestire in modo efficace il bankroll e a ottimizzare le scommesse in base al tipo di tavolo e alle condizioni del gioco. Queste strategie richiedono una buona comprensione delle matematiche del gioco e possono essere più complesse da implementare rispetto alle strategie di base.

Strategie Avanzate

Ruota Biased (Ruota Inclinata):
- Questa strategia si basa sull'idea che alcune ruote della roulette potrebbero non essere perfettamente equilibrate, portando a una frequenza non casuale di alcuni numeri rispetto ad altri.
- Implementazione: Richiede osservazioni dettagliate e un'analisi statistica delle rotazioni della ruota per identificare eventuali pattern o inclinazioni.
- Considerazioni: È importante notare che la maggior parte dei casinò moderni monitora attentamente le loro ruote per evitare qualsiasi tipo di inclinazione o difetto che possa essere sfruttato.

Visual Ballistics (Balistica Visuale):

- Questa strategia si basa sull'abilità del giocatore di prevedere dove la pallina potrebbe atterrare sulla ruota utilizzando l'osservazione visiva e la conoscenza della forza del lancio del croupier.
- Implementazione: Richiede una grande esperienza e abilità nel calcolare velocità e traiettoria della pallina sulla ruota.
- Considerazioni: È considerata una strategia avanzata e richiede pratica e precisione.

Sector Slicing (Taglio del Settore):

- Questa strategia consiste nel concentrarsi su specifici settori della ruota dove la pallina sembra avere una maggiore probabilità di atterrare, piuttosto che su singoli numeri.
- Implementazione: Richiede una mappatura dettagliata della ruota e un monitoraggio continuo delle rotazioni per identificare i settori più promettenti.
- Considerazioni: Può richiedere molto tempo e osservazione per identificare i settori più favorevoli.

Compounding Bets (Scommesse Composte):

- Questa strategia implica l'accumulo di vincite in modo da poter scommettere sempre più su numeri o combinazioni che stanno producendo risultati positivi.
- Implementazione: Richiede un sistema di gestione del denaro rigoroso per reinvestire le vincite in modo mirato senza compromettere il bankroll.
- Considerazioni: Può essere rischiosa se non gestita con cautela e disciplina.

Reverse Martingale (Anti-Martingala):
* Contrariamente alla Martingala, in questa strategia aumenti la puntata dopo ogni vincita e diminuisci dopo ogni perdita.
* Implementazione: Richiede pazienza e controllo delle emozioni per capitalizzare sulle serie vincenti senza perdere tutto in una serie di sconfitte.
* Considerazioni: È adatta per giocatori che cercano di massimizzare le vincite durante le serie positive.

Approccio Generale

Le strategie avanzate richiedono una comprensione approfondita del gioco e delle probabilità associate, oltre a una buona gestione del denaro. È importante notare che anche con le strategie avanzate, la roulette rimane un gioco di fortuna e il margine della casa rimane invariato. Pertanto, le strategie dovrebbero essere adottate con cautela e solo da giocatori esperti che comprendono pienamente i rischi e le potenziali ricompense.

Consiglio del Croupier:
Prima di impegnarti in strategie avanzate, è consigliabile praticare e familiarizzare con le dinamiche di base della roulette. Assicurati di avere una solida comprensione delle probabilità di vincita e delle varie opzioni di scommessa. Ricorda sempre di giocare responsabilmente e di rispettare il tuo budget.

Curiosità: Alcuni giocatori ritengono che la fortuna sia influenzata da fattori esterni come la posizione delle stelle o i numeri personali. Tuttavia, la roulette è puramente un gioco di probabilità e ogni giro è indipendente dagli altri.

Consiglio del Croupier:

Prima di adottare qualsiasi strategia avanzata, prova a giocare gratuitamente o con puntate basse per acquisire familiarità con il gioco e con le dinamiche della strategia stessa.

Esempi di Sistemi di Scommessa Combinati

Martingala con Puntate a Settori:

- Combina il sistema Martingala (raddoppio della puntata dopo ogni perdita) con scommesse mirate su specifici settori della ruota.

- Utilizzo: Può essere utilizzato per bilanciare il rischio della Martingala con una strategia più mirata sui numeri o settori della ruota che sembrano avere una maggiore frequenza di uscita.

Fibonacci con Scommesse a Colonna o Dozzina:

- Utilizza il sistema Fibonacci (sequenza di Fibonacci per determinare l'importo della puntata) con scommesse su intere colonne o dozzine di numeri.

- Utilizzo: Offre un modo strutturato per aumentare o diminuire le puntate in base alla sequenza di Fibonacci, mentre si scommette su aree più ampie della tavola della roulette.

D'Alembert con Scommesse ad Alta Probabilità:

- Combina il sistema D'Alembert (aumento o diminuzione dell'importo della puntata in base ai risultati) con scommesse su numeri ad alta probabilità di uscita.

- Utilizzo: Questo sistema mira a bilanciare le perdite e a massimizzare le vincite puntando su numeri o combinazioni che hanno una probabilità più alta di uscita.

Paroli con Scommesse a Settore della Ruota:
* Applica il sistema Paroli (raddoppio della puntata dopo ogni vincita) con scommesse concentrate su specifici settori della ruota.
* Utilizzo: Questo sistema mira a sfruttare le serie vincenti concentrando le scommesse su settori specifici della ruota, potenzialmente aumentando le vincite durante le serie positive.

Considerazioni sull'Utilizzo dei Sistemi di Scommessa Combinati

* Complessità: I sistemi di scommessa combinati possono essere più complessi da gestire rispetto a strategie singole. È importante comprendere completamente ciascun componente del sistema e come influenzerà le tue scommesse nel lungo termine.
* Gestione del Denaro: Anche con sistemi combinati, è essenziale avere una solida gestione del denaro. Assicurati di stabilire limiti di perdita e di vincita, e di rispettare il tuo budget complessivo di gioco.
* Pratica e Test: Prima di utilizzare sistemi combinati durante il gioco reale, prova le strategie in situazioni simulati o con scommesse di basso importo per valutare l'efficacia e acquisire familiarità con l'esecuzione del sistema.

Conclusioni

I sistemi di scommessa combinati possono offrire ai giocatori un approccio più sofisticato e strategico alla roulette, integrando diverse tecniche per migliorare le probabilità di successo o per gestire meglio il rischio. Tuttavia, come con qualsiasi strategia di gioco, non esistono garanzie di vincita e la fortuna gioca sempre un ruolo significativo nel risultato finale. È importante giocare responsabilmente e considerare i sistemi di scommessa come uno strumento per migliorare l'esperienza di gioco, piuttosto che come una garanzia di profitto.

Software di Simulazione e Analisi

Utilizzare software e calcolatori nella roulette può essere un approccio utile per i giocatori che desiderano analizzare statisticamente il gioco, testare strategie o semplicemente avere una guida durante il gioco. Ecco come puoi utilizzare software e calcolatori per migliorare la tua esperienza di gioco alla roulette:

Simulazioni di Gioco:

- Esistono software che consentono di simulare il gioco della roulette, esplorando diversi tipi di scommessa e strategie senza rischiare denaro reale.
- Utilizzo: Puoi utilizzare questi programmi per testare nuove strategie o per comprendere meglio le probabilità di vincita associate a diverse tipologie di scommesse.
- Analisi Statistica.
- Alcuni software offrono strumenti per analizzare i dati storici delle ruote della roulette, identificando eventuali inclinazioni o pattern che potrebbero influenzare le scommesse future.

- Utilizzo: Puoi utilizzare l'analisi statistica per prendere decisioni più informate durante il gioco, come concentrarsi su determinati settori della ruota o numeri che sembrano uscire più frequentemente.

Gestione del Denaro:
- Alcuni software includono funzionalità per la gestione del denaro, aiutandoti a pianificare il tuo bankroll, impostare limiti di perdita e monitorare le tue scommesse nel tempo.
- Utilizzo: Questi strumenti sono utili per mantenere una disciplina finanziaria durante il gioco, essenziale per giocare responsabilmente.

Calcolatori di Probabilità e Scommessa

Calcolatori di Probabilità:
- I calcolatori di probabilità sono strumenti che calcolano le probabilità di vincita per diverse tipologie di scommesse alla roulette.
- Utilizzo: Puoi utilizzare un calcolatore di probabilità per determinare quali scommesse offrono le migliori possibilità di vincita in base al tipo di roulette e alle regole specifiche del tavolo.

Calcolatori di Scommessa:
- Questi calcolatori ti aiutano a pianificare le tue scommesse in modo ottimale in base al tuo bankroll e alla strategia che stai seguendo.
- Utilizzo: Sono utili per calcolare l'importo ottimale da scommettere in base alla tua strategia di scommessa, come ad esempio i sistemi Martingala o Fibonacci.

Consigli sull'Utilizzo di Software e Calcolatori

- Pratica: Prima di utilizzare qualsiasi software durante il gioco reale, pratica e familiarizzati con le sue funzionalità.
- Analisi Critica: Nonostante l'assistenza fornita dai software, ricorda che la roulette è un gioco di fortuna e che non esistono garanzie di vincita.
- Gioco Responsabile: Utilizza software e calcolatori per migliorare la tua strategia e la tua conoscenza del gioco, ma gioca sempre in modo responsabile e nel rispetto del tuo budget.

Conclusioni

L'utilizzo di software e calcolatori può essere un'aggiunta preziosa alla tua esperienza di gioco alla roulette, fornendo strumenti per analizzare, simulare e gestire in modo efficace il tuo gioco. Tuttavia, è importante utilizzare questi strumenti in modo responsabile e capire che la fortuna gioca comunque un ruolo fondamentale nel risultato finale.

Capitolo 5
Psicologia del gioco

La roulette, come molti altri giochi d'azzardo, non è solo una questione di probabilità e strategia, ma anche di psicologia. Capire come la mente influisce sul comportamento di gioco può fare la differenza tra una sessione di gioco piacevole e una piena di frustrazione e perdite. Questo capitolo esplora le dinamiche psicologiche che entrano in gioco quando si partecipa alla roulette, e offre suggerimenti su come mantenere un approccio mentale sano e positivo.

Il Fascino della Roulette

Elementi di Fortuna:
- La roulette attrae molti giocatori grazie all'elemento di fortuna. Ogni giro della ruota è un evento indipendente e casuale, che offre a tutti i partecipanti una possibilità teorica di vincita.
- Impatto Psicologico: Questa incertezza e la speranza di una grande vincita possono creare eccitazione e adrenalina, ma anche frustrazione in caso di perdite consecutive.

La Semplicità del Gioco:
- Le regole della roulette sono relativamente semplici da capire, rendendo il gioco accessibile a chiunque, indipendentemente dall'esperienza precedente.
- Impatto Psicologico: La facilità di accesso può indurre i giocatori a sentirsi più sicuri e a scommettere senza considerare pienamente i rischi.

Bias Cognitivi Comuni

L'Errore del Giocatore:

- Questo bias porta i giocatori a credere che i risultati passati influenzino quelli futuri, come pensare che dopo una serie di numeri rossi, il nero sia "dovuto".
- Gestione: Ricorda che ogni giro è indipendente e le probabilità rimangono invariate.

Bias di Conferma:

- Tendiamo a cercare informazioni o interpretare i risultati in modo che confermino le nostre convinzioni o strategie.
- Gestione: Cerca di essere oggettivo e considera i dati reali piuttosto che cercare conferme per le tue credenze.

Illusione del Controllo:

- La convinzione di poter influenzare o controllare l'esito di un gioco di fortuna.
- Gestione: Ricorda che la roulette è un gioco di pura casualità e che non puoi influenzare il risultato finale.

Gestione delle Emozioni

Rimanere Calmi:

- Mantenere la calma è fondamentale per prendere decisioni ragionate e non impulsive.
- Tecniche: Pratica tecniche di respirazione o pausa regolari durante il gioco per mantenere la lucidità.

Accettare le Perdite:

- Le perdite fanno parte del gioco, e accettarle serenamente aiuta a mantenere una prospettiva sana.
- Tecniche: Imposta un budget e accetta di perdere solo ciò che puoi permetterti.

Celebrare le Vincite Moderatamente:
- Anche se le vincite sono motivo di gioia, è importante non lasciarsi trasportare dall'euforia.
- Tecniche: Fissa obiettivi di vincita realistici e fermati quando li raggiungi.

Strategia Mentale e Consapevolezza

Giocare per Divertimento:
- Approcciare la roulette come un'attività di intrattenimento piuttosto che un metodo per fare soldi.
- Consigli: Goditi il gioco, indipendentemente dal risultato, e non lasciare che il denaro sia l'unico indicatore del tuo divertimento.

Pianificazione e Disciplina:
- Avere una strategia chiara e attenersi ad essa è cruciale per evitare comportamenti impulsivi.
- Consigli: Stabilisci limiti di tempo e denaro prima di iniziare a giocare e rispettali rigorosamente.

Supporto Sociale:
- Giocare con amici o discutere le tue esperienze di gioco può fornire un prezioso supporto emotivo e ridurre il rischio di comportamento problematico.
- Consigli: Condividi le tue esperienze con persone fidate e non esitare a cercare supporto se il gioco diventa stressante.

Conclusione

La psicologia del gioco è un aspetto cruciale per qualsiasi giocatore di roulette. Comprendere i bias cognitivi, gestire le emozioni e mantenere una prospettiva equilibrata può aiutarti a godere del gioco in modo responsabile e consapevole. Ricorda che la roulette è un gioco di fortuna e, come tale, dovresti sempre giocare per divertimento e non come mezzo per guadagnare denaro.

Curiosità: La "febbre del gioco" può colpire chiunque, indipendentemente dall'esperienza o dal livello di gioco. È importante riconoscere i segnali di avvertimento e sapere quando fermarsi.

Consiglio del Croupier: Se senti che il gioco sta diventando stressante o se stai scommettendo più di quanto puoi permetterti, prenditi una pausa e valuta la situazione con calma.

Superstizioni e Miti nella Roulette

La roulette è un gioco che ha affascinato e intrigato i giocatori per secoli. Nel corso del tempo, sono nate numerose superstizioni e miti che cercano di spiegare il funzionamento del gioco o di prevedere i risultati. Comprendere questi miti e superstizioni non solo può rendere il gioco più interessante, ma può anche aiutare i giocatori a evitare trappole mentali che possono influenzare negativamente il loro modo di giocare.

Superstizioni Comuni

Numeri Fortunati e Sfortunati:

- Molti giocatori credono che alcuni numeri siano più fortunati di altri. Ad esempio, il numero 7 è spesso considerato fortunato, mentre il numero 13 è visto come sfortunato.
- Realtà: In realtà, ogni numero ha la stessa probabilità di uscire ad ogni giro. La roulette è un gioco di pura casualità e non esistono numeri intrinsecamente fortunati o sfortunati.

Colori Fortunati:

- Alcuni giocatori credono che il rosso o il nero siano colori più fortunati e possono influenzare le loro scommesse di conseguenza.
- Realtà: Come con i numeri, il colore rosso e nero hanno ciascuno una probabilità del 50% (escludendo lo zero) di uscire. Non c'è alcuna base scientifica per considerare un colore più fortunato dell'altro.

Oggetti Portafortuna:

- Alcuni giocatori portano con sé amuleti o oggetti portafortuna, come un quadrifoglio, una moneta speciale o un braccialetto.
- Realtà: Anche se questi oggetti possono fornire conforto o aumentare la fiducia del giocatore, non hanno alcun effetto reale sull'esito del gioco.

Riti e Rituali:

- Alcuni giocatori seguono rituali specifici prima di scommettere, come toccare la ruota, soffiare sui dadi (in altri giochi) o fare un gesto particolare.
- Realtà: Questi rituali possono aiutare i giocatori a sentirsi più sicuri, ma non influenzano in alcun modo la casualità della ruota.

Miti Popolari

Il Sistema della Ruota "Calda" e "Fredda":

- Questo mito sostiene che alcune ruote della roulette siano "calde" (vincenti) e altre "fredde" (perdenti) in determinati periodi di tempo.
- Realtà: Ogni giro della ruota è un evento indipendente. Non esiste alcuna prova che una ruota possa diventare calda o fredda.

Il Mito del Dealer:

- Alcuni giocatori credono che i croupier esperti possano influenzare il risultato del giro, ad esempio, facendo uscire specifici numeri.
- Realtà: I croupier non hanno alcun controllo sul risultato del giro. La ruota è progettata per essere casuale e imparziale.

Sistemi di Scommessa Infallibili:

- Alcuni sostengono che esistano sistemi di scommessa che garantiscono una vincita, come la Martingala.
- Realtà: Sebbene i sistemi di scommessa possano aiutare a gestire il bankroll e a strutturare le puntate, non possono superare il margine della casa a lungo termine.

Il Numero "Dovuto":

- Questo mito sostiene che se un numero non è uscito da molto tempo, è "dovuto" per uscire presto.
- Realtà: Ogni giro è indipendente. La probabilità che un numero esca non aumenta se non è uscito da un po' di tempo.

Gestione delle Superstizioni

Consapevolezza:
- Riconoscere che le superstizioni sono credenze senza base scientifica può aiutare a giocare in modo più razionale.
- Consigli: Informa te stesso sui principi della probabilità e della casualità nella roulette.

Equilibrio:
- Anche se le superstizioni possono essere divertenti, non dovrebbero influenzare le tue decisioni di gioco.
- Consigli: Usa le superstizioni per aggiungere un po' di divertimento al gioco, ma fai le tue scommesse basandoti su strategie ragionate.

Gioco Responsabile:
- Le superstizioni possono portare a scommesse impulsive o eccessive. È importante mantenere un approccio equilibrato e responsabile.
- Consigli: Imposta limiti di spesa e tempo per il gioco e rispettali rigorosamente.

Conclusione

Le superstizioni e i miti fanno parte dell'esperienza di gioco della roulette da secoli. Mentre possono aggiungere un elemento di fascino e mistero al gioco, è importante ricordare che la roulette è governata dalle leggi della probabilità e della casualità. Giocare in modo informato e razionale, senza farsi influenzare eccessivamente dalle superstizioni, può migliorare la tua esperienza di gioco e aiutarti a evitare comportamenti problematici.

Curiosità: In alcuni casinò, il numero 17 è uno dei numeri più giocati, probabilmente a causa della sua posizione centrale sul tavolo e della sua frequente apparizione nei media.

Consiglio del Croupier: Se ti accorgi di essere influenzato da superstizioni o miti, prenditi un momento per riflettere e riportare l'attenzione sulla realtà del gioco. La roulette è un gioco di fortuna e la tua migliore strategia è giocare con consapevolezza e responsabilità.

Riconoscere i Segnali di Dipendenza

La roulette, come tutti i giochi d'azzardo, può essere una forma di intrattenimento emozionante. Tuttavia, per alcune persone, il gioco può trasformarsi in un comportamento problematico o persino in una dipendenza. Riconoscere i segnali di dipendenza è fondamentale per intervenire tempestivamente e cercare aiuto. Questo capitolo esplora i segni di dipendenza dal gioco d'azzardo, le sue conseguenze e le risorse disponibili per chi ne è affetto.

Segnali di Dipendenza dal Gioco

Ossessione per il Gioco:
- Pensare costantemente al gioco, pianificare le prossime sessioni di gioco o rivivere le esperienze di gioco passate.
- Segnale: Se il gioco domina i tuoi pensieri e interferisce con la tua vita quotidiana, potrebbe essere un segno di dipendenza.

Aumento delle Scommesse:
- Sentire il bisogno di scommettere somme di denaro sempre maggiori per ottenere la stessa eccitazione.
- Segnale: Questo comportamento, noto come tolleranza, è comune nelle dipendenze e può portare a perdite finanziarie significative.

Perdita di Controllo:
- Incapacità di fermarsi o ridurre il tempo dedicato al gioco nonostante i tentativi di farlo.
- Segnale: Se trovi difficile interrompere una sessione di gioco o rispettare i limiti di tempo e denaro che ti sei imposto, potrebbe essere un indicatore di dipendenza.

Gioco come Fuga:
- Utilizzare il gioco d'azzardo per sfuggire a problemi personali, stress o emozioni negative.
- Segnale: Giocare per alleviare ansia, depressione o solitudine invece di affrontare questi sentimenti direttamente.

Mentire o Nascondere il Gioco:
- Mentire a familiari e amici sull'entità del proprio gioco o nascondere le perdite.
- Segnale: La necessità di nascondere il proprio comportamento di gioco è un forte indicatore di un problema.

Problemi Finanziari:
- Avere difficoltà finanziarie a causa del gioco d'azzardo, come debiti, prestiti o utilizzo dei risparmi.
- Segnale: Se il gioco d'azzardo causa problemi economici significativi, è un chiaro segno di un problema di gioco.

Compromissione delle Relazioni:

- Il gioco d'azzardo influisce negativamente sulle relazioni con amici, familiari o colleghi.
- Segnale: Se il gioco porta a conflitti, isolamento o perdita di relazioni importanti, potrebbe essere un segno di dipendenza.

Tentativi Falliti di Fermarsi:

- Aver tentato più volte di smettere di giocare senza successo.
- Segnale: Questo è un forte indicatore che il gioco è diventato incontrollabile.

Conseguenze della Dipendenza dal Gioco

Impatti Finanziari:

- La dipendenza dal gioco può portare a debiti significativi, bancarotta e perdita di beni.
- Gestione: È fondamentale cercare aiuto per gestire i debiti e ristrutturare le finanze.

Problemi Relazionali:

- La dipendenza può causare conflitti, separazioni e divorzio.
- Gestione: La terapia di coppia o familiare può aiutare a riparare i danni relazionali.

Salute Mentale e Fisica:

- La dipendenza dal gioco è spesso associata a stress, ansia, depressione e problemi fisici come insonnia e mal di testa.
- Gestione: Consultare un professionista della salute mentale è essenziale per affrontare questi problemi.

Risorse e Supporto

Gruppi di Supporto:
- Gruppi come Giocatori Anonimi offrono supporto peer-to-peer per affrontare la dipendenza.
- Utilizzo: Partecipare a incontri regolari può fornire un senso di comunità e responsabilità.

Terapia:
- La terapia cognitivo-comportamentale (CBT) è efficace nel trattare la dipendenza dal gioco.
- Utilizzo: Un terapeuta può aiutare a identificare e modificare i pensieri e comportamenti negativi legati al gioco.

Consulenza Finanziaria:
- Un consulente finanziario può aiutare a gestire i debiti e pianificare una strategia per il recupero finanziario.
- Utilizzo: Stabilire un piano di budget e di rimborso dei debiti è cruciale per la stabilità finanziaria.

Linee di Assistenza:
- Molte organizzazioni offrono linee di assistenza telefonica o online per chi cerca aiuto immediato.
- Utilizzo: Chiamare una linea di assistenza può fornire supporto immediato e informazioni su risorse locali.

Conclusione

Riconoscere i segnali di dipendenza dal gioco è il primo passo per affrontare e superare il problema. Se ti riconosci in alcuni dei segnali descritti, è importante cercare aiuto il prima possibile. La dipendenza dal gioco può avere gravi conseguenze, ma con il giusto supporto e intervento, è possibile recuperare e tornare a una vita equilibrata e sana.

Curiosità: La dipendenza dal gioco è riconosciuta dall'Organizzazione Mondiale della Sanità come un disturbo del comportamento e viene trattata con la stessa serietà di altre dipendenze.

Consiglio del Croupier: Se noti che il gioco sta diventando un problema per te o per qualcuno che conosci, non esitare a cercare aiuto professionale. Il primo passo verso il recupero è riconoscere che c'è un problema e essere pronti ad affrontarlo.

Capitolo 6
Esperiente e aneddoti

La roulette è un gioco che ha ispirato innumerevoli storie, miti e leggende. Alcune di queste esperienze sono straordinarie, altre commoventi, e altre ancora ammonitrici. In questo capitolo, esploreremo alcune delle storie più interessanti e famose legate alla roulette, condividendo esperienze di giocatori e aneddoti che hanno fatto la storia del gioco.

Esperienze Memorabili

Charles Wells: "L'uomo che ha rotto la banca a Monte Carlo":
- Nel 1891, Charles Wells divenne famoso per aver "rotto la banca" al Casinò di Monte Carlo, vincendo una somma enorme alla roulette.
- Dettagli: In un periodo di alcuni giorni, Wells vinse oltre un milione di franchi. Si dice che usasse un sistema, anche se molti credono che la sua vincita fosse dovuta più alla fortuna che alla strategia.
- Esito: Wells divenne una celebrità, ma finì per perdere la maggior parte delle sue vincite in seguito e morì in povertà. La sua storia è spesso citata come un esempio di come le grandi vincite possano essere fugaci.

Ashley Revell: Tutto su rosso:

- Nel 2004, Ashley Revell vendette tutti i suoi beni, raccogliendo 135.300 dollari, e li scommise tutti su un'unica puntata alla roulette.
- Dettagli: Revell puntò tutto sul rosso al Plaza Hotel & Casino di Las Vegas. La pallina atterrò sul rosso 7, raddoppiando la sua puntata a 270.600 dollari.
- Esito: Revell utilizzò parte delle sue vincite per avviare un'attività di poker online. La sua audace scommessa è diventata una delle storie più famose di coraggio (o follia) nella storia del gioco d'azzardo.

Joseph Jagger: L'uomo che scoprì la ruota sbilanciata:

- Nel 1873, Joseph Jagger, un ingegnere britannico, scoprì che alcune ruote della roulette al casinò di Monte Carlo non erano perfettamente bilanciate.
- Dettagli: Jagger e i suoi assistenti registrarono i risultati delle ruote e identificarono una che favoriva certi numeri. Utilizzando queste informazioni, Jagger vinse una somma considerevole.
- Esito: Jagger guadagnò circa 65.000 sterline (equivalenti a milioni di dollari oggi) prima che il casinò modificasse le ruote per bilanciarle. La sua storia dimostra l'importanza della matematica e dell'osservazione nel gioco d'azzardo.

Aneddoti Interessanti

Il mito del numero 17:

- Il numero 17 è spesso considerato uno dei numeri più popolari e giocati alla roulette.
- Dettagli: Celebrità come James Bond nei romanzi di Ian Fleming e il celebre matematico John H. Conway hanno contribuito a questa reputazione. Inoltre, il 17 si trova al centro della ruota, rendendolo un bersaglio comune per i giocatori.
- Curiosità: Anche se non c'è alcuna base matematica per considerare il 17 più fortunato di altri numeri, la sua popolarità persiste.

La ruota di Albert Einstein:

- Si dice che Albert Einstein una volta disse: "L'unico modo per battere la roulette è rubare i soldi del banco."
- Dettagli: Einstein, pur essendo un genio della fisica, riconosceva l'impossibilità di superare il margine della casa con metodi legali. La sua affermazione sottolinea la difficoltà di trovare un sistema vincente alla roulette.
- Curiosità: Questa citazione è spesso usata per ricordare ai giocatori che non esistono trucchi magici per vincere costantemente.

La pallina nel tacco:

- Una leggenda urbana racconta di una giocatrice che avrebbe nascosto una pallina della roulette nel tacco della sua scarpa per influenzare il gioco.
- Dettagli: Durante una serata al casinò, questa donna avrebbe sostituito la pallina della roulette con quella nascosta nel suo tacco, cercando di truccare il risultato.
- Curiosità: Anche se non ci sono prove concrete che questa storia sia vera, è un esempio delle ingegnose (e illegali) tattiche che alcune persone sono disposte a tentare.

Lezioni dai Giocatori

Importanza della Disciplina:

- Esperienza: Molti giocatori esperti sottolineano l'importanza di stabilire e mantenere limiti di spesa e di tempo.
- Lezione: La disciplina può prevenire perdite finanziarie significative e contribuire a un'esperienza di gioco più equilibrata e piacevole.

Gestione del Bankroll:

- Esperienza: I giocatori di successo spesso utilizzano tecniche di gestione del bankroll per prolungare il loro tempo di gioco e ridurre il rischio di perdite ingenti.
- Lezione: Allocare una somma specifica di denaro per il gioco e attenersi a essa è cruciale per giocare responsabilmente.

Approccio Consapevole:

- Esperienza: Alcuni giocatori utilizzano la roulette come una forma di intrattenimento e non come un metodo per fare soldi.
- Lezione: Adottare un approccio consapevole e realistico al gioco può migliorare l'esperienza complessiva e prevenire problemi legati al gioco d'azzardo.

Conclusione

Le esperienze e gli aneddoti legati alla roulette offrono una prospettiva unica sul fascino e i pericoli del gioco. Che si tratti di storie di grandi vincite o di perdite dolorose, ogni racconto ci ricorda l'importanza di giocare in modo responsabile e consapevole. La roulette può essere una fonte di divertimento e eccitazione, ma è essenziale mantenere una visione equilibrata e ricordare che, alla fine, è un gioco di fortuna.

Curiosità: La canzone "The Man Who Broke the Bank at Monte Carlo" del 1892, ispirata a Charles Wells, è diventata un successo internazionale e ha contribuito a cementare la sua leggenda.

Consiglio del Croupier: Le storie di grandi vincite possono essere affascinanti, ma è importante ricordare che per ogni vincitore ci sono molti più giocatori che perdono. Gioca sempre entro i tuoi limiti e considera il gioco d'azzardo come una forma di intrattenimento.

Capitolo 7

Riassunto dei punti chiave e considerazioni finali

Riassunto dei Punti Chiave

Storia della Roulette:
- La roulette ha origini nel 18° secolo in Francia, evolvendo da precedenti giochi d'azzardo.
- La sua popolarità si è diffusa rapidamente in tutta Europa e nel mondo, con varianti come la roulette francese, europea e americana.

Funzionamento della Roulette:
- La roulette consiste in una ruota numerata da 1 a 36, con uno o due zeri, e una pallina che viene lanciata nella ruota.
- I giocatori scommettono su dove pensano che la pallina si fermerà, con diverse opzioni di scommessa disponibili.

Scommesse di Base:
- Le scommesse alla roulette possono essere interne (su numeri specifici) o esterne (su gruppi di numeri, colori, pari/dispari).
- Le scommesse interne offrono pagamenti più alti ma probabilità più basse, mentre le scommesse esterne hanno probabilità più alte ma pagamenti inferiori.

Strategie di Scommessa:
- Esistono diverse strategie di scommessa, come la Martingala, la D'Alembert e la Fibonacci, ognuna con i suoi vantaggi e svantaggi.
- Queste strategie possono aiutare a gestire il bankroll ma non garantiscono vittorie a lungo termine.

Strategie Avanzate:
- Alcune strategie avanzate includono l'osservazione dei pattern e la ricerca di ruote sbilanciate.
- Tuttavia, la roulette è principalmente un gioco di fortuna e queste strategie non possono eliminare il margine della casa.

Software e Calcolatori:
- Esistono software e calcolatori che affermano di aiutare a vincere alla roulette, ma nessuno può garantire vittorie costanti.
- È importante utilizzare questi strumenti come ausili, non come soluzioni miracolose.

Sistemi di Scommessa Combinati:
- Combinare diversi sistemi di scommessa può offrire una maggiore flessibilità e gestione del rischio.
- Tuttavia, bisogna essere consapevoli che nessun sistema può superare il margine della casa a lungo termine.

Psicologia del Gioco:
- Comprendere la psicologia del gioco può aiutare a mantenere il controllo e giocare in modo responsabile.
- La consapevolezza dei propri atteggiamenti e comportamenti può prevenire problemi di dipendenza.

Superstizioni e Miti:
- Molte superstizioni e miti circondano la roulette, come numeri fortunati e sistemi infallibili.
- Riconoscere che la roulette è un gioco di pura casualità può aiutare a evitare trappole mentali.

Riconoscere i Segnali di Dipendenza:

- Identificare i segnali di dipendenza dal gioco, come l'ossessione e la perdita di controllo, è essenziale per cercare aiuto tempestivamente.
- Esistono risorse e supporto per chi soffre di dipendenza dal gioco.

Esperienze e Aneddoti:

- Storie e aneddoti di giocatori famosi e delle loro esperienze alla roulette possono offrire lezioni preziose.
- Questi racconti sottolineano l'importanza della gestione del denaro e del gioco responsabile.

Considerazioni Finali

La roulette è un gioco affascinante che combina elementi di storia, matematica e fortuna. Per molti, è una forma di intrattenimento che offre eccitazione e suspense. Tuttavia, è fondamentale avvicinarsi al gioco con una mentalità informata e responsabile.

Giocare in modo Responsabile

- Stabilire limiti di tempo e denaro per il gioco.
- Riconoscere e affrontare i segnali di dipendenza.
- Utilizzare strategie di scommessa come strumenti di gestione del bankroll, non come garanzie di vincita.

Comprendere il Gioco

- Essere consapevoli delle probabilità e del margine della casa.
- Evitare di cadere preda di superstizioni e miti infondati.
- Godersi il gioco per ciò che è: una forma di intrattenimento.

Ricerca di Aiuto e Supporto

- Non esitare a cercare aiuto se il gioco diventa problematico.
- Utilizzare risorse disponibili come gruppi di supporto e consulenza professionale.

In conclusione, la roulette può offrire molte ore di divertimento, ma è essenziale mantenere sempre una prospettiva equilibrata e giocare in modo responsabile. Con la giusta consapevolezza e gestione, puoi goderti l'esperienza senza incorrere in problemi. Buona fortuna e buon divertimento al tavolo della roulette!

Curiosità: Alcuni casinò offrono versioni elettroniche della roulette, che possono avere regole leggermente diverse rispetto ai tavoli tradizionali.
Consiglio del Croupier: Ricorda sempre che la roulette è un gioco di fortuna. Gioca con moderazione e non inseguire mai le perdite. La chiave è divertirsi e giocare in modo responsabile.

Capitolo 7
(appendice)
Glossario e termini della Roulette

A

- Americana (Roulette): Variante della roulette che ha 38 caselle, numerate da 1 a 36, più uno zero (0) e un doppio zero (00).
- Anche (Even): Una scommessa sui numeri pari (2, 4, 6, ecc.).
- Annunciata (Scommessa): Scommessa dichiarata dal giocatore al croupier prima che la pallina si fermi, comune nella roulette francese.

B

- Bianco (Color Bianco): Termine a volte usato per riferirsi al numero zero (0).
- Black: Scommessa sui numeri neri (2, 4, 6, ecc.).
- Bankroll: L'ammontare di denaro che un giocatore ha destinato al gioco d'azzardo.

C

- Casinò: Struttura dove si gioca alla roulette e altri giochi d'azzardo.
- Chips (Gettoni): Gettoni utilizzati per piazzare scommesse al tavolo della roulette.
- Coup: Termine francese per indicare un giro di roulette.
- Corner Bet (Scommessa d'angolo): Scommessa su quattro numeri adiacenti che formano un quadrato sul tavolo delle scommesse.

D

- Dozen Bet (Scommessa di una dozzina): Scommessa su uno dei tre gruppi di dodici numeri (1-12, 13-24, 25-36).
- Double Zero (00): Presente nella roulette americana, aumenta il margine della casa.

E

- En Prison: Regola della roulette francese che permette al giocatore di recuperare metà della scommessa persa su scommesse esterne se la pallina si ferma sullo zero.
- Even Money Bet: Scommesse che pagano 1:1, come rosso/nero, pari/dispari, e alto/basso.

F

- French Roulette (Roulette Francese): Variante della roulette con una ruota a 37 caselle (0-36) e regole come La Partage e En Prison.

H

- High Bet (Scommessa alta): Scommessa sui numeri da 19 a 36.

I

- Inside Bet (Scommessa interna): Scommessa su numeri specifici all'interno della griglia principale dei numeri sul tavolo delle scommesse.

L

- La Partage: Regola della roulette francese che permette ai giocatori di recuperare metà della scommessa persa su scommesse esterne se la pallina si ferma sullo zero.
- Low Bet (Scommessa bassa): Scommessa sui numeri da 1 a 18.

M

- Martingale: Strategia di scommessa in cui si raddoppia la puntata dopo ogni perdita per recuperare tutte le perdite precedenti e ottenere un piccolo profitto.

N

- Neighbours (Vicini): Scommessa su un numero specifico e i due numeri adiacenti su ciascun lato della ruota.

O

- Odd (Dispari): Scommessa sui numeri dispari (1, 3, 5, ecc.).
- Outside Bet (Scommessa esterna): Scommesse piazzate al di fuori della griglia principale dei numeri, come rosso/nero, pari/dispari, alto/basso.

P

- Parlay: Strategia di scommessa in cui si lascia la vincita originale sul tavolo per la scommessa successiva.
- Pocket: Una delle caselle numerate sulla ruota della roulette dove può fermarsi la pallina.

Q

- Quartet (Quartina): Scommessa su quattro numeri consecutivi.

R

- Red: Scommessa sui numeri rossi (1, 3, 5, ecc.).
- Roulette: Il gioco stesso e la ruota utilizzata per giocarlo.

S

- Single Zero (0): Presente nella roulette europea e francese, che ha solo un singolo zero.
- Split Bet (Scommessa divisa): Scommessa su due numeri adiacenti.
- Straight Up Bet (Scommessa diretta): Scommessa su un singolo numero.

T

- Table Limit (Limite del tavolo): Limite minimo e massimo di scommessa consentito al tavolo della roulette.
- Trio Bet (Scommessa trio): Scommessa su tre numeri, inclusi 0 e 2 o 0 e 3.

Z

- Zero: Numero verde sulla ruota della roulette, che dà al casinò il vantaggio.

Il gioco della roulette è affascinante non solo per le sue dinamiche di gioco, ma anche per la ricchezza dei termini e delle strategie che lo circondano. Conoscere il linguaggio della roulette può migliorare l'esperienza di gioco, permettendo ai giocatori di comunicare efficacemente e comprendere meglio le varie scommesse e regole. Ricorda sempre di giocare responsabilmente e di utilizzare questa conoscenza per divertirti e arricchire la tua esperienza di gioco. Buona fortuna al tavolo della roulette!

Risorse Utili per Giocare e Imparare la Roulette

Libri
1. "Roulette: Playing to Win" di Brett Morton
    - Questo libro offre una panoramica completa del gioco, incluse strategie di base e avanzate.
2. "The Roulette System Tester" di Oscar Johnson
    - Fornisce un'analisi dettagliata di vari sistemi di scommessa, valutando la loro efficacia.
3. "Secrets of Winning Roulette" di Marten Jensen
    - Copre diverse strategie di scommessa e consigli pratici

Siti Web e Forum

1. <u>Roulette.org</u>
   - Un sito dedicato alla roulette, con guide dettagliate su come giocare, strategie di scommessa, e recensioni di casinò online.
2. Wizard of Odds
   - Un sito popolare che offre analisi approfondite di vari giochi da casinò, incluse strategie dettagliate per la roulette.
3. <u>Roulette Forum</u>
   - Un forum attivo dove i giocatori discutono di strategie, condividono esperienze e danno consigli.

Software e Strumenti Online

- Roulette Simulator
- Strumento online gratuito che ti permette di simulare partite di roulette per testare diverse strategie di scommessa.
- Roulette Number Generator
- Generatore di numeri casuali per la roulette, utile per praticare e testare sistemi di scommessa.
- Bet Calculator
- Calcolatori di scommesse che aiutano a determinare le possibili vincite basate su diverse scommesse e probabilità.

Applicazioni Mobile

1. Roulette Royale
   - App di simulazione di roulette disponibile per Android e iOS, che permette di giocare gratuitamente e testare strategie.
2. Roulette - Casino Style!
   - Un'altra app popolare per giocare alla roulette su dispositivi mobili, con grafica realistica e opzioni di gioco avanzate.

Video e Tutorial

1. YouTube: Roulette Mastery
   - Canale con video tutorial, spiegazioni di strategie, e dimostrazioni di gioco.
2. YouTube: Casino Guru
   - Offre una serie di video educativi su vari giochi da casinò, inclusa la roulette, con consigli su come migliorare le proprie abilità.

Organizzazioni di Supporto per il Gioco Responsabile

1. Gioco Responsabile
   - Offre risorse e supporto per chiunque abbia problemi con il gioco d'azzardo in Italia.
2. Gamblers Anonymous
   - Organizzazione internazionale che offre supporto e incontri per le persone affette da dipendenza dal gioco.
3. National Council on Problem Gambling
   - Organizzazione statunitense che fornisce risorse, supporto e consulenza per i problemi legati al gioco d'azzardo.

Conclusione

Utilizzare queste risorse può aiutarti a migliorare la tua conoscenza e le tue abilità nel gioco della roulette, oltre a fornire supporto per garantire che il gioco rimanga una forma di intrattenimento sicura e piacevole. Ricorda sempre di giocare in modo responsabile e di cercare aiuto se il gioco d'azzardo diventa problematico. Buona fortuna e buon divertimento al tavolo della roulette!

Ringraziamenti

Scrivere questo libro è stato un viaggio straordinario, reso possibile grazie al supporto e all'incoraggiamento di molte persone.

Prima di tutto, un enorme ringraziamento va alla mia famiglia, che mi ha sostenuto in ogni fase di questo progetto. La vostra pazienza, comprensione e amore sono stati la mia fonte di forza e ispirazione.

Un grazie speciale va anche ai miei amici e colleghi, le cui conversazioni e feedback hanno contribuito a dare forma e profondità a questo libro. Il vostro entusiasmo e le vostre critiche costruttive sono stati fondamentali per migliorare ogni capitolo.

Infine, un ringraziamento speciale a te, caro lettore. La tua passione per la roulette e la tua voglia di apprendere hanno reso questo libro una realtà. Spero che tu possa trovare in queste pagine non solo informazioni utili, ma anche ispirazione e divertimento.

Saluti

E così, arriviamo alla fine di questo viaggio attraverso il mondo della roulette. Spero che questo libro ti abbia offerto una comprensione più profonda del gioco, delle sue strategie, della sua storia e della sua psicologia. La roulette è un gioco affascinante che combina fortuna, abilità e intuizione, e il mio desiderio è che tu possa godertelo in modo consapevole e responsabile.

Ricorda sempre che il gioco d'azzardo deve rimanere una forma di intrattenimento. Gioca con moderazione, gestisci il tuo bankroll con saggezza e, soprattutto, divertiti.

Grazie ancora per aver scelto di leggere questo libro. Buona fortuna al tavolo della roulette e che la pallina possa sempre fermarsi sul tuo numero fortunato!

Con gratitudine e i migliori auguri,
LUIGI CAMPANELLA.